AF100674

www.ingramcontent.com/pod-product-compliance
Lightning Source LLC
LaVergne TN
LVHW010554070526
838199LV00063BA/4967
* 9 7 8 9 3 5 8 7 2 9 3 9 9 *

چراغِ منزل

(شعری مجموعہ)

شاہد صدیقی

© Shahid Siddiqui

Charagh-e-Manzil *(Poetry)*
by: Shahid Siddiqui
Edition: May '2024
Publisher :
Taemeer Publications LLC (Michigan, USA / Hyderabad, India)

ISBN 978-93-5872-939-9

مصنف یا ناشر کی پیشگی اجازت کے بغیر اس کتاب کا کوئی بھی حصہ کسی بھی شکل میں بشمول ویب سائٹ پر اَپ لوڈنگ کے لیے استعمال نہ کیا جائے۔ نیز اس کتاب پر کسی بھی قسم کے تنازع کو نمٹانے کا اختیار صرف حیدرآباد (تلنگانہ) کی عدلیہ کو ہو گا۔

© شاہد صدیقی

کتاب	:	**چراغِ منزل** (شعری مجموعہ)
مصنف	:	**شاہد صدیقی**
صنف	:	شاعری
ناشر	:	تعمیر پبلی کیشنز (حیدرآباد، انڈیا)
سالِ اشاعت	:	۲۰۲۴ء
صفحات	:	۱۰۰
سرورق ڈیزائن	:	تعمیر ویب ڈیزائن

سنہ ۱۹۱۱ء میں اکبر آباد آگرہ میں پیدا ہوئے۔ عربی، فارسی کی تعلیم قدیم مکتبی انداز میں ہوئی۔ پھر ماریسن اسلامیہ ہائی اسکول مارہرہ میں کچھ دنوں تک پڑھتے رہے۔ والد کے انتقال کے بعد مجبوراً تعلیمی سلسلہ ختم کرنا پڑا۔ ۱۹۳۲ء میں حیدرآباد آگئے اور یہیں کے ہو رہے۔ شروع میں ہفتہ وار اخبار "الاعظم" اور پھر قاضی عبد الغفار مرحوم کے اخبار "پیام" میں کام کیا۔ اسکے بعد احمد عارف مرحوم کے اخبار "صبح دکن" کے شریک مدیر بن گئے اور اس کے بند ہونے تک برسوں اداریہ اور "تجلیات" کا کالم لکھتے رہے۔ ڈسمبر سنہ ۱۹۵۷ء سے مشرقی کتب خانہ سالار جنگ میں اردو ریسرچ اسسٹنٹ کی حیثیت سے کام کر رہے ہیں۔

شاہد صدیقی صاحب کا منتخب مجموعۂ غزلیات "چراغ منزل" شائع کرتے ہوئے، انجمن ترقی اُردو مسرت محسوس کرتی ہے۔ شاہد صاحب کہنہ مشق شاعر ہیں، اس لئے یہہ مجموعہ اب سے بہت دن پہلے منظر عام پر آجانا چاہئے تھا، اور چونکہ، انہوں نے اردو غزل کی وسعتوں میں نہایت خوشگوار اضافہ کیا ہے، اس لئے امید ہی نہیں یقین ہے کہ اسے اردو پڑھنے والے حلقوں میں ہر وقت پسندیدگی کی نظر سے دیکھا جائے گا!

حبیب الرحمن
معتمد انجمن ترقی اردو
(حیدرآباد)

حمایت نگر
حیدرآباد

جگر مراد آبادی

شاہد صدیقی میری نظر میں

شاہد صدیقی اور میں اتنی مدت ایک ساتھ رہے ہیں کہ میرے نزدیک یہ مدت کسی شخص کی قابلیت، صلاحیت اور مزاج کی تہہ تک پہنچنے کے لئے کافی ہے خصوصاً ایسی حالت میں جب کہ فریقین ایک دوسرے کو سمجھنے اور ایک دوسرے کے قریب آنے کے خواہشمند ہوں۔ میں نے اپنی اور ان کی یکجائی کے دنوں میں ان کے متعلق جو رائے قائم کی ہے وہ ایسی ہے کہ میں ان کی دوستی اور خلوص کو ایک متاع گراں مایہ خیال کرتا ہوں۔ وہ ایک اچھے دوست ہو سکتے ہیں کیونکہ وہ بلا کے ذہین، انتہائی ذکی، نہایت حاضر جواب، بذلہ سنج اور لطیف مزاج کے مالک ہونے کے ساتھ ساتھ نہایت شریف النفس، مخلص، خوددار، وضعدار اور حق پسند انسان ہیں۔ تصنع اور ریاکاری کا ان سے دور کا بھی واسطہ نہیں ہے۔ ایک اچھے دوست اور ساتھی میں جو خصوصیات ہونی چاہئیں وہ سب ان میں موجود ہیں رندانہ افتاد طبع کی وجہ سے اگرچہ وہ کبھی کبھی لاابالیوں اور لغزشوں کا شکار بھی ہو جاتے ہیں لیکن چونکہ ایسا ہونا بھی مقتضائے بشریت ہے اس لئے اس سے ان کی شخصی جاذبیت اور کشش میں کوئی فرق نہیں پڑ سکتا۔ بہ حیثیت شاعر و ادیب بھی ان کا پایہ کچھ کم بلند نہیں ہے۔ اس حیثیت سے انھوں نے مختلف اخباروں اور رسالوں کے ذریعہ جو شہرت حاصل کی ہے اور باشعور طبقہ

جو داد پائی ہے اور پاتے رہتے ہیں اس سے اہلِ ملک اچھی طرح واقف ہیں۔ قدیم حیدرآباد میں جس کی کہیں کہیں اب جھلکیاں ہی دیکھی جاسکتی ہیں! انہوں نے صبح دکن کے ادارتی اور مزاحیہ کالموں میں ادب و مزاح کے جو موتی بکھیرے تھے وہ اب بھی اہل حیدرآباد کو یاد ہیں یہ بات قابل مسرت ہے کہ وہ اب بھی ادب و صحافت کو نوازتے رہتے ہیں اور ہم عصروں سے اپنا لوہا منواتے رہتے ہیں۔

لیکن شاہد صدیقی کا سب سے بڑا کمال شاعری ہے جس کے لئے انھوں نے اپنی زندگی اور دماغی صلاحیت وقف کر رکھی ہے۔ یوں تو ان کا خمیر اسی خاک پاک سے تیار ہوا ہے جسے جغرافیہ اور تاریخ میں اکبرآباد یا آگرہ کہا جاتا ہے اور جس نے میر، غالب اور سیماب کو جنم دیا لیکن ۴۵ سالہ مشق نے ان کی صلاحیت شعری میں ایسی پختگی اور موزونیت پیدا کردی ہے جو بہت کم لوگوں کو حاصل ہوا کرتی ہے موزوں طبیعت، تخلیقی دماغ اور زندہ دلی نے ان کی شاعری کو زندہ شاعری بنا رکھا ہے۔ یہ نہ مبالغہ ہے نہ رنگ آمیزی۔ ایک حقیقت ہے جس کے گواہ ہزاروں لاکھوں دل و دماغ ہیں نہ صرف حیدرآباد میں جسے انھوں نے اپنا وطن بنالیا ہے بلکہ باہر بھی۔ میں خود جب حیدرآباد سے دور رہتا ہوں اور حیدرآباد کی ادبی زندگی کا خیال آتا ہے تو اس قافلے میں ان کی شخصیت بہت نمایاں اور رفیع نظر آتی ہے۔

معاصرین کا تقابل آسان نہیں ہوا کرتا اور نہ وقت بے وقت ایسا کرنے کی ضرورت ہے کیونکہ "ہر گلے را رنگ و بوئے دیگر است" لیکن میں جب غور کرتا ہوں

تو شاہد اور مجاز مرحوم میں بہت سی باتیں مشترک پاتا ہوں۔ طبیعت و مزاج کے لحاظ سے بھی اور میدانِ شعر میں بھی۔ مرحوم مجاز بھی نہایت جری۔ بے باک، خوددار اور حق پسند ہونے کے ساتھ ساتھ نہایت اچھے شاعر تھے اور یہ بات زندہ مجاز یعنی شاہد صدیقی کے متعلق بھی کہی جاسکتی ہے۔ مسائلی شعرگوئی کا رجحان شاہد میں بلاشبہ مجاز سے زیادہ ہے اور اس لحاظ سے وہ کامل انفرادیت کے مالک ہیں۔ سیاسی اور سماجی خشک مسائل کو شعریت اور تغزل کے سانچے میں ڈھالنا آسان کام نہیں ہے۔ ایک عظیم فنکار ہی اس کام کو بطریق احسن انجام دے سکتا ہے۔ اس حیثیت سے ان کی شخصیت فیض احمد فیض سے بہت ملتی ہے مگر اس فرق کے ساتھ کہ فیض کے کلام میں معنوی اور انفرادی خصوصیات شعری کے ساتھ ساتھ فنی خامیاں بھی کافی پائی جاتی ہیں اور شاہد کے کلام میں برائے نام۔

حیدرآباد واقعی قابل فخر ہے کہ اسے آج بھی شاہد جیسا شاعر حاصل ہے نہ صرف حیدرآباد بلکہ حقیقتاً پوری دنیائے ادب کو شاہد صدیقی پر فخر کرنا چاہیے۔ آج وہ ہمارے سامنے ہیں لیکن آنے والا زمانہ بتائے گا کہ اردو ادب پر ان کے احسانات کس قدر عظیم ہیں۔

فہرست

۴ شاہد صدیقی میری نظر میں — جگر مراد آبادی
۷ فہرست
۹ دل ہے ایک ہی لیکن نام دل بدلتا ہے
۱۰ سحر ہوتے ہی اہلِ انجمن کو نیند سی آئی
۱۱ شبِ غم دیکھیے کیا دل پہ ستم ڈھاتی ہے
۱۲ اے باغباں یہ جبر ہے یا اختیار ہے
۱۳ دل نے یوں حوصلۂ نالہ و فریاد کیا
۱۵ وفا کی راہ سے مستانہ وار ہم گزرے
۱۶ پھر تلاشِ راحت میں درد کا پیام آیا
۱۷ جو کھو گئے ہیں اجالوں میں ان کو کیا معلوم
۱۸ محبت درد بن کر دل نشیں معلوم ہوتی ہے
۱۹ آدمی کی نظروں میں اک نیا اجالا ہے
۲۰ جب حقیقتِ غم سے آگہی نہیں ہوتی
۲۱ بادلوں میں اک بجلی لے رہی تھی انگڑائی
۲۲ سن کر اک خاموش تقاضہ ماضی کے ویرانوں کا
۲۳ مری آرزو نے روپ بھر کے ہزار پھول کھلائیگی
۲۴ کسی کی یاد آفت ڈھا رہی ہے
۲۵ کبھی آسان ہوتا ہے کبھی دشوار ہوتا ہے
۲۶ نئی گت پہ گیت گاؤ کہ بہار آ رہی ہے
۲۷ وہ کیوں اذیتِ راحت میں اختیار کرے
۲۸ فرقِ نور و ظلمت پر جب نظر نہیں ہوتی
۲۹ کبھی خرد کا کبھی عشق کا بہانا تھا
۳۰ تاریکیِ شب میں رشکِ الم پیغامِ تجلی لائینگے
۳۱ یہ کیوں کہوں کہ انہیں حالِ دل سنا نہ سکا
۳۳ بارِ ناکامی سلیقے سے اٹھانا چاہیے
۳۴ کوئی سمجھے تو کچھ بیجا نہیں خاموشیاں میری
۳۶ تڑپ الم میں نہیں ہے سکوں خوشی میں نہیں
۳۷ ہشیار اے دل ہوشیار اے دل
۳۸ یوں جبینِ محبت جھکائیں گے ہم
۳۹ میں جہاں بھی ہوں وہیں انجمن آرائی ہے
۴۰ شبِ غم کے نظارے دل دکھاتے ہیں کہاں ہوں میں
۴۱ وہ شعلہ جس کی گرمی پہ مدارِ بزمِ امکاں ہے
۴۲ کسی سعیِ رائیگاں نے کوئی شمع نہ بجھا دی
۴۳ باغباں جب اپنا خوں نذر کر نہیں سکتے
۴۴ نہ غرورِ سر بلندی نہ سرورِ خود پرستی
۴۵ روش روش جو ہوئے خوں کہاں تک کلی بے قرار ہے
۴۶ موت سے بہتر نہیں ہے یہ نظام
۴۷ مایوسی میں وہ زنداں اسیری سلسلہ جنبیاں کیا ہوگا

۷۳	دل اگر دل ہے تو ہر حال میں سوا ہو گا	۴۹	اگر ایک غم کو بھلا دیا تو غم دیگر کی تلاش ہے
۷۴	کہیں کیا حسن کی محفل کا عالم	۵۰	وہ حقیقتیں دیکھیں آج ساری دنیا لئے
۷۵	دھوکہ اٹھتا ہے دل امید سے انجام انساں	۵۱	کیوں روئے جو ملا دل نارسا ہوا
۷۶	احسانِ محبت ہے دیوانہ بنا دینا	۵۲	بلغ کشکش کیا کم بیٹھے ماہی مسکن جا بسی
۷۷	مرا غرورِ نظارہ کامیاب ہو سکا	۵۳	شے قطرے والے مسیحا کے نہ بوجھ زم عالم نہیں
۷۸	غلطی پہ غم کی ڈر کیا ماتم غاشکوں کی بہ تو کیا غم	۵۴	دل پہ جب جوشِ محبت کا سرما ہو گیا
۷۹	تقاضا لئے فطرت ہے تغییرِ انساں	۵۵	نہ اب خیال گریباں نہ ہوش بجھ گری
۸۰	نئی زندگی کی ہر اپنی ۔۔۔ کوئی انقلاب ترگئے	۵۶	عالم ہے بھر کیوں ہوں ہوا دیکھ پریشاں
۸۱	تحریکِ عمل کچھ ۔۔۔ سہی تعمیر ہوتی رہتی ہے	۵۷	ہر شب بے خاماں شطلے بہرک لئے نظمیں میں
۸۳	اگر دنیا سے راز جبر کا اظہار ہو جلسے	۵۸	نہ میرا شوق فانی ہے نہ ان کا نازِ فانی ہے
۸۵	یہ نہیں کہ موت کا حوصلہ کوئی کیا ہو سکا	۶۰	گزر بہار نہ منزل ہے گزر جا ماج وسہل ہے
۸۶	حیاتِ مشکل آساں نہیں تو کچھ بھی نہیں	۶۲	یہ تقدیرِ شوق مزا اضطراب کا ملا
۸۷	موت کی تمنا ہے اب یہ کیا کہیں دل	۶۳	ممکن نہیں کہ نشیں جنوں رائیگاں رہے
۸۸	لذتِ عشق سے بھی دل کی غفلت کم تو نہیں	۶۴	مال عشق ہوں تکمیل مدعا ہوں میں
۸۹	زمانہ کر رہا ہے جستجو شام و سحر ہو کر	۶۵	شبِ غم کو مسلسل جلوہ ساماں کر دیا ہم نے
۹۰	جنونِ عشق کی بنیاد مستحکم ہوتی جاتی ہے	۶۶	مستیوں کے دھن میں انقلاب پلتے ہیں
۹۲	لے عشق بے نیاز یہ کیا انقلاب ہے	۶۷	بنتا ہے آنکھ اور لب خامرش
۹۳	حقیقت تم کو سمجھ جلتے میں باطل کہنے والے	۶۸	عبدا سب سے محبت نے بنایا ہم جہاں اپنا
۹۴	کچھ اس طرح سے میری دنیا چھا گیا کوئی	۶۹	ہوسِ شیوۂ عشق بنا جائے دل مجھے
۹۵	تقدیر پر اپنی بدلو گر الگ ہے ہمت	۷۰	کوئی خالی ہے تو شئے پیچھے کی پہلے میں
۹۶	دیکھ لیا مآل گل کسی کے بیقرار ہے	۷۱	یہ انجمن کی زباں پر ہے کس کا نام انساں
		۷۲	کہیں نیزنگیِ جنوں سلسلہ بنیاں تو نہیں

○

دل ہے ایک ہی لیکن، نام دل بدلتا ہے
سج گیا تو گلشن ہے لُٹ گیا تو صحرا ہے

میرا دردِ محرومی اک نیا تقاضا ہے
عشق رائیگاں کیوں ہو تم نہیں تو دنیا ہے

حسن ہے بہاریں ہیں، شوق ہے تماشا ہے
عاشقی کی نسبت سے زندگی گوارا ہے

درد و غم کی راہوں میں ساتھ چھوڑنا کیسا
دور تک چلے آؤ دور تک اندھیرا ہے

کل ترے تصور نے محفلیں سجائی تھیں
آج دل کی دنیا میں تیری یاد تنہا ہے

ظلمتوں کا رونا کیا، اہلِ کارواں ہشیار
اس طرف ہیں رہزن بھی جس طرف اجالا ہے

روشنی میں ڈھلتی ہے دل کے خون کی سرخی
تب کہیں سرِ مژگاں اک چراغ جلتا ہے

گردِ راہِ انساں ہیں ماہ و کہکشاں شاہدؔ
جستجوئے پیہم کا حشر کس نے دیکھا ہے

○

سحر ہوتے ہی اہل انجمن کو نیند سی آئی
اندھیرے اور گہرے ہو گئے جب روشنی آئی

دمِ سیرِ چمن اکثر یہ منظر ہم نے دیکھا ہے
جدھر تم تھے اُدھر پھولوں کے رُخ پر تازگی آئی

سوائے شورشِ پرواز سب کچھ ہے گلستاں میں
بہار آئی مگر اک دام پھیلاتی ہوئی آئی

ابھی تک موت سے ملتا ہوا اک نشہ طاری تھا
تم آئے زندگی کا ہوش آیا زندگی آئی

میں ترکِ عشق پر نازاں تھا لیکن واقعہ یہ ہے
کہ آج ان کا خیال آیا تو اپنی یاد بھی آئی

سبب کچھ اور تھا، میری مسلسل تشنہ کامی کا
میں یہ سمجھا کہ ساقی کی توجہ میں کمی آئی

اندھیرے میں ہیں کتنے تشنگانِ میکدہ شاہدؔ
جہاں تک دورِ جام آیا، وہیں تک روشنی آئی

○

شبِ غم دیکھئے کیا دل پہ ستم ڈھاتی ہے
کہ سحر دور ہے، اور شمع بجھی جاتی ہے

راہ روکے ہوئے ہیں وحشت و گلستاں کتنے
پھر بھی مجھ تک ترے دامن کی ہوا آتی ہے

غم جاناں کو غم دہر سے بہلاتا ہوں
زندگی مصلحت اندیش ہوئی جاتی ہے

آپ کے بعد بہاروں سے تسلی کیا ہو!
آپ کی یاد بہاروں کو بھی تڑپاتی ہے

ان کو منظور نہیں درد کا رسوا ہونا
آہ کرتا ہوں تو آواز بدل جاتی ہے

کون سمجھے اثرِ سوزِ محبت شاہدؔ
یہ وہ بجلی ہے جو گرتی ہے نہ لہراتی ہے

○

اے باغباں یہ جبر ہے یا اختیار ہے
مرجھا رہے ہیں پھول چمن میں بہار ہے

شاید اسی کا نام غمِ روزگار ہے
وہ مل گئے تو اور بھی دل بیقرار ہے

میں صاحبِ چمن ہوں مجھے اعتبار ہے
شامِ خزاں کے بعد ہی صبحِ بہار ہے

رہبر نے قافلے ہی کو مجبور کر دیا
اب وہ قدم بڑھائے جسے اختیار ہے

کلیاں ہیں زرد زرد، فضائیں ہیں سرد سرد
کچھ لوگ کہہ رہے ہیں یہ فصلِ بہار ہے

یوں تو نہ رک سکے گا ستم کا یہ سلسلہ
جو کشتۂ ستم ہے وہی نشانہ سا ہے

دیکھی ہیں میں نے باغ کی وہ حالتیں کہ اب
میرے لئے خزاں کا نہ ہونا بہار ہے
ثابت ہوا کہ رونقِ محفل ہے کوئی اور
محفل جمی ہوئی ہے مگر انتظار ہے
ہر صاحبِ جنوں کا گلستاں پہ حق نہیں
جس کا لہو بہا ہے اسی کی بہار ہے

○

دل نے یوں حوصلۂ نالہ و فریاد کیا
میں یہ سمجھا شبِ غم تم نے کچھ ارشاد کیا
جبرِ فطرت نے یہ اچھا کرم ایجاد کیا
کہ مجھے وسعتِ زنجیر تلک آزاد کیا
تم نہ تھے دل میں تو ویراں تھی کہانی میری
عشق نے لفظ کو مفہوم سے آباد کیا

تیرا اندازِ تبسّم ہے کہ عنوانِ بہار
جب کوئی پھول کھلا، میں نے تجھے یاد کیا

جھلملانے لگی لو شمع کی گل مرجھائے
ہم نے جب بزم میں ذکرِ دلِ ناشاد کیا

انتہائے غمِ فرقت میں وہ دن بھی آئے
میں تجھے بھول گیا، تو نے مجھے یاد کیا

امتیازِ کرم و جور سے محروم ہیں سب
تو نے جس دل کو مٹایا اسے آباد کیا

تھا اسیری میں ہمیں صرف گلستاں کا خیال
چھوٹ کر آئے تو زنداں کو بہت یاد آیا

کون سمجھے گا مرا عالمِ رندی شاہدؔ
جب کہیں جی نہ لگا میکدہ آباد کیا

○

وفا کی راہ سے مستانہ وار ہم گزرے
ہزار زینتیں آئیں، ہزار غم گزرے

حیاتِ سلسلۂ غم سہی مگر اے دوست
خیال میں ہیں، وہی حادثے جو کم گزرے

خوشی کے پھول کھلائے تھے اس نظر نے جہاں
ہم اس دیار سے اکثر بہ چشمِ نم گزرے

ستم زدہ سی ہے دنیا تمہارے جانے سے
کہیں تو کس سے کہیں، ہم پہ کیا ستم گزرے

کھڑے ہیں دیر سے ہم، درمیان کعبہ و دیر
ادھر سے کاش کوئی صاحبِ کرم گزرے

بہت ہجوم سہی، ان کی راہ میں لیکن
وہاں تو کوئی نہیں تھا جہاں سے ہم گزرے

نشانِ منزلِ جاناں تو مل گیا شاہد
مگر یہ غم ہے کہ راہوں کے پیچ و خم گزرے

پھر تلاشِ راحت میں درد کا پیام آیا
ہم جہاں سے گزرے تھے پھر وہی مقام آیا

تیرے غم کی راہوں میں وہ بھی اک مقام آیا
موت کی تمنا تھی، موت کا سلام آیا

شب گزارنے والو، حاصلِ سحر کیا تھا؟
اک پیامِ بیداری وہ بھی نا تمام آیا

یوں عروج پر آئی داستاں محبت کی
دل کا ذکر چھیڑا تھا، لب پہ ان کا نام آیا

ہم ہی رہ گئے پیاسے ورنہ بزمِ ساقی میں
جس طرف نہ تھا کوئی اس طرف بھی جام آیا

رفتہ رفتہ یاد ان کی بن گئی غمِ دنیا
زندگی کا سرمایہ، زندگی کے کام آیا

فصلِ گل مبارک ہو، یہ بھی دیکھتے رہیے
کس نے توڑ دی زنجیر، کون زیرِ دام آیا

میرے جام سے شاہد مے کبھی نہ چھلکی تھی
میکشوں کی محفل میں کون تشنہ کام آیا

○

جو کھو گئے ہیں اُجالوں میں ان کو کیا معلوم
کہ ظلمتوں سے بھی ہوتا ہے راستا معلوم

یہ تازگی یہ تبسُّم، یہ خندۂ پیہم
ابھی گلوں کو مآلِ بہار کیا معلوم

اب اپنے آپ سے شکوہ ہے بے وفائی کا
بہت دنوں میں ہوئی فطرتِ وفا معلوم

وہی فنا سے حفاظت کی سعیٔ جاری ہے
خرد کو رازِ بقائے دوام کیا معلوم

حیات کچھ بھی سہی، کائنات کچھ بھی سہی
قیام جزدِ سفر ہے، مقام نا معلوم

سب اپنے زخم دکھاتے رہے تجھے لیکن
تری نظر پہ جو گزری کسی کو کیا معلوم

نہیں سکونِ مُسلسل کی آرزو شاہد
ہمیں ہے دردِ محبّت کی انتہا معلوم

○

محبت درد بن کر دلنشیں معلوم ہوتی ہے
یہ ظالم عشرتِ غم آفریں معلوم ہوتی ہے

قریب آ کر نظر ڈالی تو اک تصویرِ غم نکلی
تمنا دُور سے کتنی حسیں معلوم ہوتی ہے

انہیں دیکھا تو ہے اے زندگانی کا خدا حافظ
یہی میری نگاہِ واپسیں معلوم ہوتی ہے

کھلا جب سے جفا بھی اک نوازش ہے حسینوں کی
وفا چُپ ہے، محبت شرمگیں معلوم ہوتی ہے

بالآخر عشق میں رازِ مسّرت کھُل گیا شاؔہد
طبیعت خود بخود اندوہگیں معلوم ہوتی ہے

○

آدمی کی نظروں میں اک نیا اُجالا ہے
آدمی اندھیروں پر فتح پانے والا ہے

زندگی کے خالق ہم زندگی کے مالک ہم
ہم نے اپنے سانچوں میں زندگی کو ڈھالا ہے

جو چھپا کے رکھی ہے لا وہ ساری مئے ساقی
ورنہ آج رندوں کو ہوش آنے والا ہے

دو نہ صبح کا دھوکا لوگ خود سمجھتے ہیں
کس قدر اندھیرا تھا، کس قدر اُجالا ہے

رات کے گزرتے ہی اور ایک رات آئی
آپ تو یہ کہتے تھے دن نکلنے والا ہے

جب حقیقتِ غم سے آگہی نہیں ہوتی
ضبط بھی نہیں ہوتا، آہ بھی نہیں ہوتی

ہیں فراق کی راتیں اک طلسمِ محرومی
چاند جگمگاتا ہے، چاندنی نہیں ہوتی

رہنما سمجھتی ہے راہ کے اندھیروں کو
جس نظر میں منزل کی روشنی نہیں ہوتی

آپ سے جدا ہو کر میرا تجربہ یہ ہے
زندگی کی ہر ساعت، زندگی نہیں ہوتی

ظلمتِ شبِ غم میں دل کو خون کرنا ہے
صرف آہ کرنے سے روشنی نہیں ہوتی

○

بادلوں میں اک بجلی لے رہی تھی انگڑائی
باغباں نے گھبرا کر کہہ دیا بہار آئی

ہر نفس غمِ جاناں، ہر قدم غمِ دوراں
اس طرح نکھرتی ہے زندگی کی رعنائی

اب حیاتِ انساں کا حشر دیکھئے کیا ہو
مل گیا ہے قاتل کو منصبِ مسیحائی

آدمی کے ہاتھوں سے آدمی کو موت آئے
اس سے بڑھ کے کیا ہوگی زندگی کی رسوائی

تم سحر کے گن گاؤ میں تو یہ سمجھتا ہوں
مجھ کو نیند میں پا کر رات پھر پلٹ آئی

وہ خلش جسے شاہدؔ ان کی یاد کہتے ہیں
خلوتوں کی محفل ہے محفلوں کی تنہائی

O

سُن کر اک خاموش تقاضا ماضی کے ویرانوں کا
میں نے نقشہ کھینچ دیا مستقبل کے ایوانوں کا

بجھنے کی امید تھی لیکن آخر تک جلنا ہی پڑا
شمع اکیلی کیا کرتی ہنگامہ تھا پروانوں کا

رنج بھی گزرا عیش بھی گزرا دل میں کوئی جنبش نہ ہوئی
اک ٹوٹی سی کشتی نے منہ پھیر دیا طوفانوں کا

ہوش و خرد کے میخانوں میں اہلِ طلب ہشیار رہیں
آنکھ بچا کر پی جانا دستور ہے ان میخانوں کا

ساقی نے از راہِ عنایت توڑ دیا دستورِ کہن
جتنی پی سکتا ہو، پی جا، نام نہ لے پیمانوں کا

طوفانوں سے بچتے بچتے ساحل تک پہونچے بھی تو کیا
ساحل تک پہونچا دینا ہی مقصد تھا طوفانوں کا

○

مری آرزو نئے روپ بھر کے ہزار پھول کھلائے گی
مجھے اپنے باغ سے عشق ہے، تو کبھی بہار بھی آئے گی

مرے ساتھیوں نے قدم قدم پہ دئے بُجھا بھی دئے تو کیا
نئے راستوں میں نئی امنگ، نئے چراغ جلائے گی

مرے غم پہ طعنہ زنی نہ کر میں نہیں ہوں منکرِ سرخوشی
ابھی سوگوار ہے زندگی کبھی گا سکے گی تو گائے گی

میں چمن پرست سہی مگر، مجھے اپنے دل سے یہ خوف ہے
جو چمن کا حال یہی رہا تو قفس کی یاد ستائے گی

جنہیں کل کی کوئی خبر نہیں وہ غمِ خزاں کا گِلہ کریں
مجھے یہ یقیں ہے کہ فصلِ گل جو اب آئیگی تو نہ جائے گی

کسی کی یاد آفت ڈھا رہی ہے
طبیعت خود بخود گھبرا رہی ہے

چلا ہوں اس نظر کی جستجو میں
جہاں دل ہے وہ منزل آ رہی ہے

محبّت کو نہیں سمجھی ہے اب تک
مگر دنیا ہمیں سمجھا رہی ہے

یہی ہے کیا محبّت کا زمانہ
زمانے پر اُداسی چھا رہی ہے

انہیں جی بھر کے اب دیکھیں گے شاہدؔ
یہ سنتے ہیں قیامت آ رہی ہے

○

کبھی آسان ہوتا ہے کبھی دشوار ہوتا ہے
غمِ دل ہر طرح ذوقِ طلب پر بار ہوتا ہے
حریمِ عشق میں یہ ہے نظامِ خواب و بیداری
یہاں جب عقل سوجاتی ہے، دل بیدار ہوتا ہے
نگاہِ شوق کی بیتابیاں ہوں یا حجاب اُن کا
بہ ہر عنوان رُوحِ عشق کا اظہار ہوتا ہے
کسی کی یاد جس لمحے میں تڑپاتی نہیں دل کو
وہ لمحہ اہلِ دل کی زندگی پر بار ہوتا ہے
وفا کا حوصلہ کرنے چلے تھے یہ خبر کیا تھی
وفا کا فیصلہ بھی بر سبیلِ دار ہوتا ہے

○

نئی گت پہ گیت گاؤ کہ بہار آ رہی ہے
نئے زمزمے سناؤ کہ بہار آ رہی ہے

غمِ زندگی میں اب تک بہت اشک بہہ چکے ہیں
اسی غم پہ مسکراؤ کہ بہار آ رہی ہے

کہیں یہ فسردہ محفل نہ ہو باعثِ ندامت
نئی انجمن سجاؤ کہ بہار آ رہی ہے

یہ زمینِ شہرِ خوباں، یہ لہو کے تازہ دھبے
یہیں فرشِ گل بچھاؤ کہ بہار آ رہی ہے

سرِ شام بجھ گیا ہے جو خزاں کی آندھیوں سے
وہ چراغ پھر جلاؤ کہ بہار آ رہی ہے

○

وہ کیوں اذیت و راحت میں امتیاز کرے
جنونِ عشق جسے آشنائے راز کرے

اگر نصیب ہے ہو جاؤ تم شریکِ سفر
رہِ وفا مرے نقشِ قدم پہ ناز کرے

یہی متاعِ محبت، یہی سکونِ حیات
دعا یہ ہے کہ خدا عمرِ غم دراز کرے

نوائے دل کی حقیقت وہی سمجھتا ہے
جو نغمہ سُن کے یقینِ شکستِ ساز کرے

قدم قدم پہ ٹھہرنا ہے عین گمراہی
سفر تو وہ ہے جو منزل سے بے نیاز کرے

○

فرقِ نور و ظلمت پر جب نظر نہیں ہوتی
رات بیت جاتی ہے اور سحر نہیں ہوتی

آسماں پہ بادل ہیں کوئی راگنی چھیڑو
آہ ایسے موسم میں کارگر نہیں ہوتی

رات کے اندھیروں میں کتنے دل اُجڑتے ہیں
صبح کے ستاروں کو کچھ خبر نہیں ہوتی

زندگی اگر غم ہے یہ یقیں بھی کیا کم ہے
موت، موت ہوتی ہے چارہ گر نہیں ہوتی

جب کوئی نہیں سنتا بات دردمندوں کی
بات اور بڑھتی ہے، مختصر نہیں ہوتی

کبھی خرد کا کبھی عشق کا بہانا تھا
مری حیات کا مقصد فریب کھانا تھا

تری نگاہ کو گہرائیوں میں جانا تھا
مرے سکوت کی ہر تہہ میں اک فسانا تھا

چمن کے ایک ہی گوشے میں ہے ہجومِ بہار
یہ وہ جگہ ہے جہاں میرا آشیانا تھا

خزاں کا خوف تھا غنچوں کو فصلِ گل میں مگر
وہ مسکرا کے رہے جن کو مسکرانا تھا

جہاں ہوا تھا انہیں پا شکستگی کا گماں
مسافروں کو وہیں سے قدم بڑھانا تھا

شبِ فراق کے مارے ہوئے نہ دیکھ سکے
طلوعِ صبح کا منظر بہت سہانا تھا

وہ بے خبر ہیں محبت سے جو یہ کہتے ہیں
کسی کی یاد میں دنیا کو بھول جانا تھا

جہاں جہاں میں رکا، وقت کے قدم بھی رکے
مرا وجود خود اپنی جگہ زمانا تھا

حضورِ حسنِ مجالِ نظر نہ تھی شاہد
ہمیں خود اپنے مقدر کو آزمانا تھا

○

تاریکیٔ شب میں بے شک الم پیغامِ تجلّی لائیں گے
جتنے بھی ستارے ٹوٹیں گے سب سورج بنتے جائیں گے

گلشن کی حفاظت کرنا ذرا، پھولوں کی طرف کیا تکتا ہے
یہ آج اگر شاداب ہے قسمت سے، تو کل مرجھائیں گے

شاید یہ انہیں معلوم نہیں کیا ربط ہے موج و ساحل میں
وہ ہم کو غرق کئے جائیں، ہم پار اترتے جائیں گے

کل بادِ خزاں کے جھونکوں سے مرجھائے ہوئے پھولوں نے کہا
یہ موت نہیں اک وقفہ ہے، ہم بھیس بدل کر آئیں گے

خود اپنے لہو سے سینچیں گے شاخوں کو، گلوں کو، غنچوں کو
بدلا جو کسی دن رنگِ چمن، ہم رنگِ چمن بن جائیں گے

○

یہ کیوں کہوں کہ انہیں حالِ دل سُنا نہ سکا
نظر میں تھا وہ فسانہ جو لب تک آ نہ سکا

مجھے کبھی خلشِ دل کا لطف آ نہ سکا
نظر اٹھی بھی تو ان سے نظر ملا نہ سکا

گناہگارِ محبت کو سب نے بخش دیا
کہ یہ گناہ کسی کی سمجھ میں آ نہ سکا

مرے خیال میں تخلیقِ دل کا راز یہ ہے
کہ عشق وسعتِ کونین میں سما نہ سکا

تری تلاش میں نکلا ہے دیکھئے کیا ہو
وہ بد نصیب جو اپنا سُراغ پا نہ سکا

وہی نظر ہے وہی دل، وہی تمنائیں
جہانِ عشق کو خود عشق بھی مٹا نہ سکا

وہی فسانۂ دل ہے وہی حکایتِ شوق
جسے وہ سُن نہ سکے اور میں سُنا نہ سکا

بڑی کشش ہے ترے سنگِ در میں میرے لئے
سر نیاز اٹھایا تو دل اٹھا نہ سکا

یہ دل ہے اور یہ جانِ حزیں، قصور معاف
تری نظر کا تقاضا سمجھ میں آ نہ سکا

مجھے تو حشر تک اس کی نجات میں شک ہے
گناہِ عشق جسے آدمی بنا نہ سکا

یہ عشق ہے کہ جنوں، اضطراب ہے کہ سکوں
میں دل کو بھول گیا، دل تجھے بھلا نہ سکا

یقین تھا شبِ وعدہ ضرور آؤ گے تم
سحر تک ایک ستارہ بھی جھلملا نہ سکا

ترا کرم کہ مجھے سوزِ زندگی بخشا
مری خطا کہ اسے زندگی بنا نہ سکا

فریبِ عشق نے آنکھیں سی کھول دیں شاہد
میں اس کے بعد کسی کا فریب کھا نہ سکا

○

بارِ ناکامی سلیقے سے اٹھانا چاہیے
جب کوئی غم یاد آئے مسکرانا چاہیے

میری نظریں اپنی قسمت سے رہیں محرومِ دید
اب انہیں جلوؤں کی قسمت آزمانا چاہیے

شامِ غم کے بعد پھر اک شامِ غم آنے کو ہے
صبح تک اس حادثے کو بھول جانا چاہیے

راہِ غم کی ٹھوکریں لاتی ہیں منزل کا پیام
ٹھوکریں کھا کر قدم آگے بڑھانا چاہیے

جستجو کا ترک ہے توہینِ ذوقِ جستجو
جستجو تسلیم، لیکن کھو نہ جانا چاہیے

ان کی منزل تک ہمیں لے آئی آج اپنی تلاش
اپنے ہی نقشِ قدم پر سر جھکانا چاہیے

یوں سنائیں حالِ دل ان کو کہ وہ کچھ کہہ اٹھیں
آج افسانے سے افسانہ بنانا چاہئے
غم طبیعت بن چکا ہے کیسے آنسو کسکی آہ!
اب ہمیں احساسِ غم پر مسکرانا چاہیے
بزمِ دل میں بڑھتی جاتی ہے امیدوں کی ضیا
اب تو شاہد ان چراغوں کو بجھانا چاہئے

O

کوئی سمجھے تو کچھ بیجا نہیں خاموشیاں میری
کہ اب ان کا فسانہ بن گئی ہے داستاں میری
محبت کی خلش میں کچھ اضافہ ہوتا جاتا ہے
تری نظریں مرتب کر رہی ہیں داستاں میری
محبت اک جنوں ہی اور جنوں کو سب سمجھتے ہیں
کبھی کام آئیں گی یہ بے سر و سامانیاں میری

محبت عینِ راحت ہے مگر قسمت کو کیا کیجے
تمنائے سکوں سے بڑھ گئیں بیتابیاں میری

اسے سب حُسن کی فطرت کہیں، میں یہ سمجھتا ہوں
تری نیچی نگاہیں کہہ رہی ہیں داستاں میری

وہ دل کی خاک پر انجان بن کر مسکراتے ہیں
مزا جب ہو کہ ہر ذرّہ سنا دے داستاں میری

جدھر جاتا ہوں، رنگیں محفلیں آباد پاتا ہوں
تمہاری آرزو نے لوٹ لیں تنہائیاں میری

میں اپنے دل کی دھڑکن میں کوئی آواز سنتا ہوں
خدا جانے تمہارا ذکر ہے، یا داستاں میری

نیازِ عشق نازِ حُسن سے مجبور تھا شاہد
بقدرِ آرزو بڑھتی رہیں مایوسیاں میری

○

تڑپ الم میں نہیں ہے سکوں خوشی میں نہیں
بہت دنوں سے کوئی لطف زندگی میں نہیں

اگر یہ سچ ہے تو لازم ہے خود فراموشی
خود آگہی کے سوا کچھ خود آگہی میں نہیں

جمی ہوئی ہے شبِ ہجر آسماں پہ نظر
تری جھلک تو ستاروں کی روشنی میں نہیں؟

جو اہلِ دل ہو تو مفہوم خامشی سمجھو
یہ کیا کہا کوئی مفہوم خامشی میں نہیں

کمالِ درد پہ نازاں ہیں عاشقی والے
مآلِ درد ابھی ذہن عاشقی میں نہیں

بس اب تو ان کی نظر یاد آگئی شاہد
جو بات ان کی نظر میں ہے شاعری میں نہیں

○

ہشیار اے دل، ہشیار اے دل مستی نہیں ہے مستی کا حاصل
رہرو بھی غافل، رہبر بھی غافل کوئی نہیں ہے آگاہِ منزل
دنیا نہ سمجھی ربطِ محبت تو مجھ سے غافل، میں سب سے غافل
ہم مطمئن ہیں کشتی کہیں ہو اپنا ہی طوفاں، اپنا ہی ساحل
پھر دل کی مشکل آسان کردو پھر بڑھ چلا ہے احساسِ مشکل
میرے ارادے کیا کرسکیں گے محفل ہی بدلے، آئینِ محفل
ان کی نگاہیں اب تک وہی ہیں بنتے رہے دل، مٹتے رہے دل
مجھ سے جنوں کی عظمت نہ پوچھو میرے جنوں میں تم بھی ہو شامل
منزل ہے شاہد محتاجِ رہرو
رہرو نہیں ہے ممنونِ منزل

یوں جبینِ محبت جھکائیں گے ہم　　بندگی کو خدائی بنائیں گے ہم
جس قدر آرزوئیں بڑھائیں گے ہم　　ان کو اتنا ہی مجبور پائیں گے ہم
ہجر کو زندگانی بنائیں گے ہم　　جائیے جائیے، مر نہ جائیں گے ہم
ناز سے جب وہ دیکھیں گے اپنی طرف　　ان کو اس دم بہت یاد آئیں گے ہم
ناخدا ہم کو طوفان میں چھوڑ دے　　ورنہ ساحل پہ بھی ڈوب جائیں گے ہم
جستجو کے تقاضوں سے مجبور ہیں　　جانتے ہیں کہ تجھ کو نہ پائیں گے ہم
غنچہ و گل سے الجھی ہوئی ہے نظر　　اس طرح کیا انہیں بھول جائیں گے ہم!
تیری محفل سے جانے کی ہمت نہیں　　اور گئے تو پلٹ کر نہ آئیں گے ہم
لذتِ غم سلامت رہے عشق میں　　شدتِ غم میں بھی مسکرائیں گے ہم
ہر مسرت گزرتے ہی غم بن گئی　　اب فریبِ مسرت نہ کھائیں گے ہم
ضبط کی زندگی بے نتیجہ رہی　　زندگی کو تڑپنا سکھائیں گے ہم
آپ کی بے نیازی کہاں جائیگی　　جب محبت سے پردہ اٹھائیں گے ہم

آج شاہد خودی منزلِ شوق ہے
آج ان کی سمجھ میں نہ آئیں گے ہم

○

میں جہاں بھی ہوں وہیں انجمن آرائی ہے
کہ مرے ساتھ مرا عالمِ تنہائی ہے

حسرتِ آہ بھی توہینِ شکیبائی ہے
کیا مرے درد کا مفہوم ہی رسوائی ہے

نہ تجلی نہ کوئی انجمن آرائی ہے
زندگی ایک مسلسل شبِ تنہائی ہے

موت ہے قیمتِ ہستی کوئی انعام نہیں
جان دی ہے تو حیاتِ ابدی پائی ہے

ڈھونڈھتے پھرتے ہیں یوں قافلے والے مجھ کو
جیسے منزل مرے ہمراہ چلی آئی ہے

سینۂ گل میں جو طوفاں ہے ہمیں کیا معلوم؟
ہم تو اتنا ہی سمجھتے ہیں بہار آئی ہے

رازِ نیرنگِ چمن کوئی نہ سمجھا شاہد
موت پھولوں کی بہ عنوانِ بہار آئی ہے

○

شبِ غم کے نظارے دل دُکھاتے ہیں کہاں ہو تم؟
ستارے شام ہی سے جھلملاتے ہیں کہاں ہو تم؟
یہ عالم ہے کہ امیدوں کی شمعیں بجھتی جاتی ہیں
اندھیرے زندگی کے بڑھتے جاتے ہیں کہاں ہو تم؟
نہیں کوئی جو آ دابِ تبسّم ان کو سمجھا دے
چمن میں پھول اب بھی مسکراتے ہیں کہاں ہو تم؟
جنہیں رنگیں بنایا تھا تمہاری جنبشِ لب نے
وہ نغمے وہ ترانے یاد آتے ہیں کہاں ہو تم؟
جہاں سے گنگناتے جھومتے گزرے تھے ہم دونوں
مجھے وہ راستے اب بھی بلاتے ہیں کہاں ہو تم؟
وہ لمحے جو تمہارے سامنے خاموش رہتے تھے
مجھی کو میرے افسانے سُناتے ہیں کہاں ہو تم؟
کوئی شاہدؔ یہ کہہ دے ان سے راہِ عشق مشکل ہے
قدم اُٹھنے سے پہلے لڑکھڑاتے ہیں کہاں ہو تم؟

O

وہ شعلہ جس کی گرمی پر مدارِ بزمِ امکاں ہے
مری نظروں سے ظاہر ہے ترے جلوؤں میں پنہاں ہے

قفس میں قوتِ احساس مٹ جانے کا امکاں ہے
گلستاں ہے مری نظروں میں یا خوابِ گلستاں ہے

مسلسل آرزوئیں اور مسلسل ان کی ناکامی
انہیں لفظوں میں ساری زندگی کا راز پنہاں ہے

سکوں آمیز نظروں سے کسی نے مجھ کو دیکھا تھا
اسی دن سے مری ہستی کا ہر ذرہ پریشاں ہے

میں جینا چاہتا ہوں لذتِ غم کیلئے لیکن
تری مرضی نہیں تو میرا مرجانا بھی آساں ہے

نہ رکھ میری نگاہِ شوق پر الزامِ ناکامی
خبر لے اپنے جلوے کی ترا جلوہ پریشاں ہے

بدلتے جارہے ہیں زندگی کے راستے شاہد
سفر کا پوچھنا کیا اب تو منزل بھی گریزاں ہے

کسی سعیٔ رائیگاں نے کوئی شمع جب بجھا دی
مرے شوقِ بیکراں نے نئی انجمن سجا دی

کبھی دل نے راہِ غم میں بہت اشکِ خوں بہائے
کبھی وہ مقام آیا کہ حیات مسکرا دی

کہیں بیکسی کی آہیں، کہیں درد کی کراہیں
مرے دوستوں کو ضد ہے کہ یہی ہے جشنِ شادی

یہ غرورِ بے حقیقت، یہ سرورِ بے لطافت
مجھے آج تو نے ساقی کوئی اور شئے پلا دی

زہے اعتمادِ منزل کہ قدم نہ ڈگمگائے
کبھی راہبر نے لوٹا، کبھی راہ نے دغا دی

یہ جمالِ شعر و نغمہ وہ جلالِ شعر و نغمہ
کبھی ہم نے گل کھلائے، کبھی آگ بھی لگا دی

○

باغباں جب اپنا خونِ نذر لا نہیں سکتے
پھول سوکھ جاتے ہیں مسکرا نہیں سکتے

آدمی کی منزل ہے، آدمی سے مل جانا
اس کو ڈھونڈھتے کیوں ہو جس کو پا نہیں سکتے؟

آپ قرض لیتے ہیں آندھیاں زمانے سے
جب مرے چراغوں کو خود بجھا نہیں سکتے

اس نے ایسی حکمت سے انجمن سجائی ہے
گیت دل میں گھُٹتے ہیں، لب تک آ نہیں سکتے

وہ بجھا کے سب شمعیں اس لئے پریشاں ہیں
جگنوؤں سے محفل کو جگمگا نہیں سکتے

ہم ہیں خالقِ نغمہ لاؤ ساز دو ہم کو
راگ چھیڑ بیٹھے ہو، اور گا نہیں سکتے

○

نہ غرورِ دردمندی، نہ سرورِ خود پرستی
میں ترے خیال میں ہوں نہ یہ ہوش ہے نہ مستی

ترا عشق خندہ زن ہے، مرے ذہن کی خوشی پر
کہ خرد کی سادگی پر نہ کھلا فریبِ ہستی

مرے دل میں تیرا غم ہے تو غمِ حیات کیوں ہو
یہ حرم کی سرزمیں پر ہے بنائے بُت پرستی

مجھے راس آسکے گی نہ فضائے خلد یارب
نہ وہ بیکسوں کی دنیا نہ وہ غم زدوں کی بستی

غمِ عشق کھینچ لایا مجھے راہِ بیخودی تک
نہ یہاں ضیا نہ ظلمت، نہ بلندیاں، نہ پستی

وہ نظر اٹھا رہے ہیں تو میں جان کیوں نہ دیدوں
کہیں پھر بدل نہ جائے، یہ فضائے کیف و مستی

بہت انقلاب آئے مگر اب بھی دل وہی ہے
وہ جسے بسا چکے تھے نہ اُجڑ سکی، وہ بستی

وہ سمجھ رہے ہیں شاہدؔ غمِ دل مری نظر سے
یہ سکوت کا تکلم یہ بلندیوں کی پستی

روش روش جوئے خوں کہاں تک کلی کلی بیقرار کب تک
بجا کہ فصلِ بہار آئی مگر یہ رنگِ بہار کب تک

تباہ کاروں سے بڑھ کے کہہ دو، محافظِ کائنات ہم ہیں
اجل پسندوں کی مصلحت پر حیات کا انحصار کب تک؟

مرے عزیزو، مرے رفیقو، مرے چراغو، مرے اُجالو
یہ ظلمتِ روزگار بدلو، شکایتِ روزگار کب تک

کسی عقیدے کی آڑ میں فرضِ آدمیت نہ چھپ سکے گا
خود اپنی دنیا کی پرورش کر، فریبِ پروردگار کب تک

موت سے بہتر نہیں ہے یہ نظام　　زندگانی زندگانی کی غلام
زندگانی کیا ہے اک سودائے خام　　آؤ بدلیں زندگانی کا نظام
وہ دمِ رخصت کسی کی خامشی　　وہ نگاہیں، وہ محبت کے سلام
رک گئی رفتارِ دنیا رک گئی　　وہ خرامِ ناز، وہ نازِ خرام
اس طرح خوش ہوں محبت کرکے میں　　جیسے حاصل ہے محبت کو دوام!
شاید اب تنہا سفر کرنا پڑے　　قافلے والے نہیں ہیں تیز گام
میکدے میں بن گیا آئینِ نو　　ہوشیاری فرض ہے ہستی حرام
منزلوں کے نام رکھتی ہے خرد　　اور دیوانے بدل دیتے ہیں نام

یاد ہے شاہد ابھی تک یاد ہے
وہ فضائے تاج وہ رنگین شام

؏ تاج محل آگرہ

○

مایوسی میں دردِ اسیری سلسلہ جنباں کیا ہوگا
آزادی کی آس نہیں ہے اب غمِ زنداں کیا ہوگا

وحشت کی آزاد نگاہیں رازِ خزاں بھی جان گئیں
عقل ابھی اس فکر میں تھی انجامِ بہاراں کیا ہوگا

حوصلۂ آزادی کیسا ہستی کی زنجیروں سے
جینے کے اسباب بہت ہیں موت کا ساماں کیا ہوگا

ہر پردہ اک جلوۂ نو ہے، ہر جلوہ اک فیضِ نظر
حسن اگر پردے بھی اٹھا دے عشق پہ احساں کیا ہوگا

طوفانوں سے ڈرنے والے ساحل کی امید میں ہیں
کفر ہے جب تک شاملِ ایماں، حاصلِ ایماں کیا ہوگا

جو آندھی کی زد میں آیا وہ گلشن تاراج ہوا
دیوانے یہ سوچ رہے ہیں حشرِ بیاباں کیا ہوگا

ساحل والے دور کھڑے ہیں ان پہ کوئی الزام نہیں
کشتی جزوِ طوفاں ہے، اندازہ طوفاں کیا ہوگا

حسن کی ساری تابش تھی انوارِ محبت کے دم تک
پروانے محفل میں نہیں اب جشنِ چراغاں کیا ہوگا

کلیاں جتنا چاہیں ہنس لیں آج انہیں آزادی ہے
کل کی نسبت کون کہے آئینِ گلستاں کیا ہوگا

شاہدؔ یہ موجوں کا تلاطم میرے لئے اک راحت ہے
غرقابی کی حسرت ہے، اندیشۂ طوفاں کیا ہوگا

O

اگر ایک غم کو بھلا دیا تو غمِ دگر کی تلاش ہے
نہ دعا کو ہاتھ اٹھے کبھی، نہ مجھے اثر کی تلاش ہے

وہی ظلمتیں وہی سوز و درد، مگر اثر ہے جدا جدا
تجھے پھر شکایتِ شامِ غم، مجھے پھر سحر کی تلاش ہے

جسے امتیازِ سفر نہ ہو، ہے وہی علامتِ گمرہی
اسے کارواں میں جگہ نہ دو جسے راہبر کی تلاش ہے

جو دلوں کے راز بتا سکے مجھے چاہیئے وہ شعورِ غم
جو اُفق کے پار بھی جا سکے مجھے اس نظر کی تلاش ہے

مری منزلیں مرے سامنے مرا زادِ راہ مری نظر
کوئی راہزن ہو کہ راہبر، مجھے ہمسفر کی تلاش ہے

مرا ذوق پردہ نشیں نہیں مری کائنات حسیں نہیں
ترا حسن خوب سہی مگر، مجھے خوب تر کی تلاش ہے

○

وہ حقیقتیں دیکھیں آج ساری دنیا نے
جن کی راہ تکتے تھے، نا تمام افسانے

اِس کو دعویٔ تعمیر، اُس کو دعویٔ تعمیر
اور اِس کشاکش میں بڑھ رہے ہیں ویرانے

سب ہوں ایک عالم میں لطفِ میکشی یہ ہے
جن میں فرق ہو کوئی توڑ دو وہ پیمانے

مئے چھپا کے رکھی ہے چند مئے پرستوں نے
اور مجھے یہ خطرہ ہے لُٹ نہ جائیں میخانے

راستے میں منزل کا اک نشاں سا اُبھرا تھا
اس کے بعد رہبر کو کیا ہوا خدا جانے

○

کیوں روئیے جو نالۂ دل نارسا ہوا
یہ سوچئے کہ جذبِ محبت کو کیا ہوا

صورت یہ ہے کہ مجھ میں وہ جلوہ نما ہوا
حیرت یہ ہے کہ میری نگاہوں کو کیا ہوا

پورا تقاضۂ خلشِ مدعا ہوا
جب جان دی تو فرضِ محبت ادا ہوا

شامل ہے قیدِ عشق میں آزادیوں کی روح
اب کیا کہوں اسیر ہوا، یا رہا ہوا

قیدی سہی جنونِ تمنا کو کیا کروں
پھرتا ہوں اپنے دل میں تمہیں ڈھونڈتا ہوا

دل میں سوائے حسرتِ پامال کچھ نہیں
اس گھر میں اک چراغ ہے وہ بھی بجھا ہوا

ساقی یہ تیرا شاہدِ مخمور تو نہیں
آتا ہے میکدے میں کوئی جھومتا ہوا

○

یہ لطفِ کشاکش کیا کم ہے ساما نِ سکوں حاصل نہ سہی
کشتی کا کوئی وارث تو ملا، طوفاں ہی سہی ساحل نہ سہی

مایوسی کی تاریکی میں بھی، لطفِ تبسّم کیوں کھوئیں
امید پہ دنیا قائم ہے، اُمید کا کچھ حاصل نہ سہی

ماضی کی فسردہ یادوں سے کیوں خون کریں مستقبل کا
محفل تو سجانی لازم ہے، وہ پہلی سی محفل نہ سہی

رکتے ہی فنا ہو جائیں گے یا رستے میں کھو جائیں گے
ہم لطفِ سفر کے خوگر ہیں، رہبر نہ سہی، منزل نہ سہی

کلیوں کا تبسم بھی ہے وہی، بوندوں کا ترنم بھی ہے وہی
دنیا کے تقاضے باقی ہیں، وہ ہم نہ سہی وہ دل نہ سہی

گلشن کی مسلسل بربادی ہم سے تو نہیں دیکھی جاتی
ہر پھول سے دل کو نسبت ہے، ہر پھول جوابِ دل نہ سہی

○

اے قافلے والو سچ کہنا بے وجہ تو ہم ناکام نہیں
منزل کا تصور عام سہی، منزل کی محبت عام نہیں

کچھ بات تو ہے جو پی کر بھی نیت نہیں بھرتی رِندوں کی
یا جام بقدرِ بادہ نہیں، یا بادہ بقدرِ جام نہیں

کب روح کی آنکھیں کھلتی ہیں احباب کو کیوں کر سمجھاؤں
میں نے جسے اکثر دیکھا ہے افسوس وہ جلوہ عام نہیں

صیاد نے کس ہشیاری سے اِک رنگیں پھندا ڈالا ہے
کچھ لوگ یہی کہہ کر خوش ہیں اب کوئی اسیرِ دام نہیں

رودادِ جدائی کیا کہیے اس طرح بھی کچھ دن گزرے ہیں
ہر صبح سے پوچھا ہے میں نے، اب اور تو کوئی شام نہیں؟

○

دل پہ جب جوشِ محبت کارفرما ہو گیا
میں نے جس صورت کو دیکھا تیرا دھوکا ہو گیا

دیکھ یہ دنیا وہی ہے اور وہی اس کی بہار
اے نگاہیں پھیرنے والے تجھے کیا ہو گیا

میری بیتابی پہ تارے رات بھر ہنستے رہے
میں کسی کا منتظر ہو کر، تماشا ہو گیا

اور کیا کرتا گزشتہ عیش کا زرّیں خیال
غم کی تاریکی میں دھندلا سا اجالا ہو گیا

رنجِ دنیا نے مٹا دیں قوتیں احساس کی
آج شاہد اختتامِ رنجِ دنیا ہو گیا

O

نہ اب خیالِ گریباں نہ ہوش بخیہ گری
تری نگاہ نے بخشا ہے کیفِ بے خبری

ترے ستم کا نتیجہ ہے غم کی رسوائی
فغاں سے بڑھ کے ہے میری فغاں کی بے اثری

سکونِ یاس بڑی چیز ہے محبت میں
مجھے پسند نہیں اہتمامِ چارہ گری

مری لطیف عبادت کو کوئی کیا جانے
ترا خیال ہے میرا وظیفۂ سحری

کچھ اس ادا سے اٹھایا نقابِ رخ تو نے
کہ میں نے کر ہی لیا اعترافِ کم نظری

یہ بیخودی کا زمانہ بھی کیا زمانہ ہے
نہ آہِ نیم شبی ہے نہ گریۂ سحری

مگر فغاں کہ ہے احساسِ عشق باعثِ غم
ابھی نصیب نہیں ہے کمالِ بے خبری

○

یہ عالم ہے تو پھر کیوں ہوں حوادث سے پریشاں ہم
قفس ہم، آشیاں ہم، خار ہم، گل ہم، گلستاں ہم

ہمیں دنیا کی طوفانی ہواؤں میں بھڑکنے دو
نہیں ہونگے، نہیں ہونگے، چراغِ زیرِ داماں ہم

مزا پایا ہے اتنا مشکلاتِ زندگانی میں
کہ دیکھے جائیں گے تا حشر یہ خوابِ پریشاں ہم

زمانہ ہم کو طوفاں میں پھنسا کر مطمئن کیوں ہو
سمجھتا ہے کہ ہیں پروردۂ آغوشِ طوفاں ہم

بڑھے جائیں گے تنہا منزلِ مقصود کی جانب
اٹھائیں گے نہ ہرگز قافلے والوں کا احساں ہم

ہماری بے نشانی بھی نشاں کا حکم رکھتی ہے
ہمیں دنیا مٹائے گی مگر ہوں گے نمایاں ہم

یہ دورِ انتہا ہے اس میں فکرِ ساز و ساماں کیا
رہے ہیں ابتدا سے بے نیازِ ساز و ساماں ہم

ہوئے بے خانماں شعلے بھڑک اٹھے نشیمن میں
یہ سب کچھ تھا مگر اک روشنی تھی صحنِ گلشن میں
میں اک پروردۂ آفت ہوں مجھ کو فکر آفت کیا
ہزاروں بجلیاں محفوظ ہیں میرے نشیمن میں
محبت آنسوؤں سے کھیل کر پروان چڑھتی ہے
فرشتے جمع کر لیتے ہیں موتی اپنے دامن میں
حجابِ حُسن رسوا ہو گیا اور اب بھی رسوا ہے
تمنا ایک دن بر روئے کار آتی تھی آئین میں
اسیروں نے رنگی ہیں خون سے زنداں کی دیواریں
کسی نے کہہ دیا ہو گا بہار آئی ہے گلشن میں
محبت مٹ نہیں سکتی کبھی غم کی ہواؤں سے
یہ ظالم پرورش پاتی ہے مایوسی کے دامن میں
بیابانِ محبت ہے طلسمِ جستجو شاہدؔ
یہاں ملتی نہیں منزل کی راہیں روزِ روشن میں

○

نہ میرا شوق فانی ہے نہ ان کا ناز فانی ہے
محبت اک حیاتِ نو ہے لیکن جاودانی ہے

پھر ان کے سامنے یوں حالِ دل کی ترجمانی ہے
بیانِ بے اثر ہے، اور زبانِ بے زبانی ہے

محبت میں خیالِ شکوۂ غم بدگمانی ہے
ٹھہرے دل یقیناً یہ بھی ان کی مہربانی ہے

جو یہ سچ ہے تو پھر شاید محبت جاودانی ہے
مری نظریں بھی فانی ہیں ترا جلوہ بھی فانی ہے

کسی کو یاد کرنا زندگی کا عہدِ طفلی تھا
کسی کی یاد میں مرنا محبت کی جوانی ہے

مذاقِ اہلِ دل دنیا نہ سمجھی ہے نہ سمجھے گی
جو غم ان سے ملے وہ غم نہیں ہے شادمانی ہے

وہ لینا چاہتے ہیں امتحاں میری محبت کا
کوئی کہہ دے کہ خود میری محبت امتحانی ہے

غمِ دل تھا مجھے وہ بھی تمہاری مہربانی تھی
نہ دل ہے اب نہ غم، یہ بھی تمہاری مہربانی ہے

محبت ہی نہیں تم کو وفا کیسی جفا کیسی
کہیں سے ابتدا کردو کہانی پھر کہانی ہے

گماں ہوتا ہے شامِ زندگی کا شامِ فرقت پر
خدا رکھے مری یہ شام بھی کتنی سہانی ہے

کہاں وہ صحبتیں اب، جن میں روحیں مسکراتی تھیں
ہماری شعرخوانی کیا ہے شاہد نوحہ خوانی ہے

○

گزر جا راہ و منزل سے گزر جا موج و ساحل سے
محبت ہو تو یہ آسانیاں ملتی ہیں مشکل سے

مقابل ہو گیا ناداں ان کے حسنِ کامل سے
ہمیں اب تنگ آ کر ہاتھ اٹھانا ہی پڑا دل سے

دل ان کی راہ میں ہے پھر بھی غم جاتا نہیں دل سے
محبت کا مسافر بے خبر ہے اپنی منزل سے

تم اہلِ دل نہیں ہو، پھر وفا کا لطف کیا جانو
وفا کی انتہا دل پر وفا کی ابتدا دل سے

ابھی تو شوق کی راہوں میں کھو جانا بھی ممکن ہے
کہ یہ راہیں ابھی محفوظ ہیں الزامِ منزل سے

خلش اور وہ بھی غم کی درد اور وہ بھی محبت کا
شکایت کرنے والا تھا، دعا نکلی مرے دل سے

اگر چاہیں تو پہلا ہی قدم منزل پہ جا پہنچے
پریشاں ہو گئے اربابِ ہمت قُربِ منزل سے

ابھی تک زندگی میں اضطرابِ عشق باقی ہے
ابھی تک زندگی کی موج کو نسبت ہے ساحل سے

مجھے راہِ طلب کی عظمتیں اُٹھنے نہیں دیتیں
جو اُٹھتا ہوں تو پھر آگے نکل جاتا ہوں منزل سے

محبت کے ہزاروں راستے طے کر کے آئے ہیں
تمناؤں کی منزل تک، تمناؤں کی منزل سے

ٹھہر اے موجِ شور آگیں، و شور انگیز و شور افزا
ابھی اک بات کہنی ہے مجھے یارانِ ساحل سے

زہے الزامِ نظارہ، خوشا انجامِ نظارہ
نظر سے بے تعلق دل نظر نا آشنا دل سے

محبت نے بدل ڈالا نظامِ زندگی شاہد
نہ آسانی سے دل تسکین پاتا ہے نہ مشکل سے

○

بقدرِ شوق مزا اضطراب کا نہ ملا
کہ دل کو درد ملا بھی تو لا دوا نہ ملا

کہاں پہونچ کے ہوا ہے ملالِ گمشدگی
یہ سُن رہا ہوں کہ اُن کو مرا پتا نہ ملا

مزا ملا تھا محبت کی ابتداء میں مگر
پھر اس کے بعد اذیت ملی مزا نہ ملا

بہت قریب تھی سرحدِ بیخودی لیکن
خودی کی حد میں بھٹکتے رہے، خدا نہ ملا

جبینِ شوق میں سجدے تھے انقلاب انگیز
مگر یہ خیر ہوئی، ان کا نقشِ پا نہ ملا

حیاتِ عشق کو دیدارِ حسن لازم ہے
ترے بغیر کسی سانس میں مزا نہ ملا

تلاشِ حسن تو ہے ہمت آزما شاہدؔ
مری نگاہ کو اب تک مرا پتا نہ ملا

○

ممکن نہیں کہ فیضِ جنوں رائگاں رہے
یہ بھی تو اک نشاں ہے کہ ہم بے نشاں رہے

عاجز تری تلاش میں کون و مکاں رہے
اب جو تجھے تلاش کرے وہ کہاں رہے

بے واسطہ نظارۂ شانِ جمال کر
یہ بھی ہے اک خطا کہ نظر درمیاں رہے

توفیق دے کہ پیش کروں غم کو اس طرح
دنیا کو میرے غم پہ خوشی کا گماں رہے

شام ان کی اک ادا ہے سحر ان کا ایک نور
یعنی کہ وہ عیاں نہ ہوئے اور عیاں رہے

بخشا ہے مجھ کو ان کی نظر نے زہے کرم
وہ ہوش جس پہ بے خبری کا گماں رہے

شوقِ سخن فضول ہے شاہد بغیر عشق
دل میں کوئی خلش ہو تو منہ میں زباں رہے

○

مآلِ عشق ہوں تکمیلِ مدعا ہوں میں
وہ مل گئے ہیں مجھے اور کھو گیا ہوں میں

مزاجِ اہلِ زمانہ سمجھ گیا ہوں میں
نہ دیکھنے کی طرح ان کو دیکھتا ہوں میں

خدا ہی نے تو ملے فرصتِ نمازِ حرم
ابھی تو دل کی پرستش میں مبتلا ہوں میں

سبب یہ ہے مری بیگانگی کا دنیا سے
تری نظر نے کہا تھا کہ آشنا ہوں میں

سزا قبول ہے بیگانگی قبول نہیں
مجھے معاف نہ کر مجرمِ وفا ہوں میں

عجیب چیز ہیں مجبوریاں محبت کی
نگاہ پھیرنے والوں کو دیکھتا ہوں میں

سنا یہ ہے کہ وہ ہیں صبر آزما شاہد
مقابلہ ہی سہی، جبر آزما ہوں میں

○

شبِ غم کو مسلسل جلوہ ساماں کر دیا ہم نے
بجھیں شمعیں تو اشکوں سے چراغاں کر دیا ہم نے

نکل آیا اسیری میں بھی اک پہلو رہائی کا
دلِ آزاد کو مانوسِ زنداں کر دیا ہم نے

نہیں اب امتیازِ خار و گل چشمِ تماشا میں
اسے پابند آئینِ گلستاں کر دیا ہم نے

یہ سن کر جانے کیا جذبات ہوں اربابِ ساحل کے
کہ خود کشتی کو اپنی نذرِ طوفاں کر دیا ہم نے

ترے جلوؤں سے پوچھے کوئی عالم شوقِ بیحد کا
نظر اٹھی تو نظارے کو حیراں کر دیا ہم نے

خبر کیا تھی مزاجِ عشق ہی مشکل پسندی ہے
بہت خوش تھے کہ ہر مشکل کو آساں کر دیا ہم نے

○

مستیوں کے دامن میں انقلاب پلتے ہیں
میکشوں کی لغزش سے میکدے سنبھلتے ہیں

کیوں ہمارے ساتھ ایسے سست گام چلتے ہیں
جو سفر سے گھبرا کر راستے بدلتے ہیں

ظلمتیں اُجالوں پر فتح پا نہیں سکتیں
اک چراغ بجھتا ہے، سو چراغ جلتے ہیں

دیکھئے کہاں پہونچیں یہ سفر کے دیوانے
آسماں کو تکتے ہیں اور زمیں پہ چلتے ہیں

کیا ہوا جو ساکن ہے آج سطح دریا کی
تہہ میں کتنے ہی طوفاں کروٹیں بدلتے ہیں

زندگی کو ڈھلنا ہے آج اُن کے سانچوں میں
زندگی کی گرمی سے جن کے دل پگھلتے ہیں

ایک پل کے رُکنے سے دور ہو گئی منزل
صرف ہم نہیں چلتے راستے بھی چلتے ہیں

آشنا ہیں پروانے سوزِ غم کی عظمت سے
شمع ہو تو جلتے ہیں، ورنہ ہو تو جلتے ہیں

بند ہے آنکھ اور لب خاموش — ہو رہے ہیں کسی سے راز و نیاز
دل جو دھڑکا تو روح جاگ اٹھی — میں نے پہچان لی تری آواز
شکریہ لذتِ محبت کا — کون جیتا بغیر سوز و گداز
عقل کی روشنی میں طے نہ ہوئے — عشق کی راہ کے نشیب و فراز
راز ہے میری آرزو مندی — اور تیری نگاہ پردۂ راز
میرے الفاظ ہیں ترا مفہوم — کون سمجھے یہ ربطِ نغمہ و ساز
ہوش کی تلخ کامیاں نہ رہیں — لذتِ بیخودی کی عمر دراز

تجھ کو فرصت نہیں تغافل سے
اور مری داستانِ شوق دراز

○

جدا سب سے محبت لیے بنایا ہے جہاں اپنا
زمیں اپنی زمیں ہے آسماں ہے آسماں اپنا

ہمیں دیتے ہیں اہلِ عقل طعنہ بے زبانی کا
تو کیا اب اُن کے در تک ڈھونڈنے جائیں نشاں اپنا؟

کوئی منزل نہیں اہلِ جنوں کی یہ حقیقت ہے
کہ ہر منزل سے آگے بڑھ چکا ہے کارواں اپنا

خدا نے خیر کی سامانِ محشر میں کمی کیا تھی
دو عالم سننے والے داستاں ان کی بیاں اپنا

خموشی اپنی تعلیمِ خموشی بن گئی شاؔہد
جہاں والوں کا درماں ہو گیا دردِ نہاں اپنا

○

ہوشیارِ عشق بننا چاہیئے اے دل مجھے
عقل دھوکے دے رہی ہے جان کر غافل مجھے

کعبۂ دل، تبخانہ دل، ویرانہ دل، دیوانہ دل
کس نئے عالم میں لے آیا جنونِ دل مجھے

حاصلِ بے مائگی ہیں ٹھوکریں ہی ٹھوکریں
جذبۂ صادق ہو تو خود ہی کھینچ لے منزل مجھے

چاند کی تابانیاں فطرت کی گُل افشانیاں
یہ مناظر دیکھ کر یاد آرہا ہے دل مجھے

رہروی و رہبری کا ذکر شاؔہد کیا کروں
اب یہ عالم ہے کہ ہے ہر سانس اک منزل مجھے

○

کوئی خالی ہے تو مے ہے کسی پیمانے میں
اب وہ پہلا سا طریقہ نہیں میخانے میں

رند مخمور رہے مست بدستور رہے
عقل دستور بنا تی رہی میخانے میں

جن کو آتے نہیں آدابِ سرِ رو مستی
ان کا کیا کام ہے ساقی ترے میخانے میں

جنکی مستی ہے تقاضائے شکستِ ساغر
وہ دل آزار بھی موجود ہیں میخانے میں

بادہ خواری کا یہ انداز ریاکاری ہے
آئے پینے کیلئے رہ گئے میخانے میں

کبھی میخانے کا انہیں کا تھا وہی ساقی تھے
آج جن کا کوئی حصہ نہیں میخانے میں

ہم تو پیاسے ہی چلے جائیں گے لیکن ساقی
انقلاب آ کے رہے گا ترے میخانے میں

○

یہ انجمن کی زباں پر ہے کس کا افسانہ
کہ صرف شمع نے سمجھا تھا، سوزِ پروانہ

خرد کے لاکھ مقامات اس سفر پہ نثار
بس ایک دُھن میں چلا جا رہا ہے دیوانہ

مری نظر پہ حجابِ تعلقات نہیں
مری نظر میں نہ اپنا کوئی نہ بیگانہ

ہنوز شمع کی لو سے یہ سُن رہا ہوں صدا
کہ جل چکا ہے، مگر جل رہا ہے پروانہ

کل اس کی بزم میں اخفائے غم کی حسرت نے
بنا دیا مری خاموشیوں کو افسانہ

یہ پستیاں مجھے روکیں گی کس طرح سے کہ میں
بلندیوں سے بھی گزرا ہوں بے نیازانہ

یہ تشنگی مجھے منظور ہے مگر ساقی
چھلک نہ جائے کہیں زندگی کا پیمانہ

کوئی نہیں جو یہ آدابِ میکشی بدلے
میں تشنہ لب ہوں مگر لٹ رہا ہے میخانہ

○

کہیں نیرنگِ جنوں سلسلہ جنباں تو نہیں
جس کو کہتے ہیں خزاں، جشنِ بہاراں تو نہیں

ہر قدم راہِ محبت میں ہے پہلا ہی قدم
سوچتا ہوں مری منزل بھی گریزاں تو نہیں

ضد ہے کیوں سارے زمانے کو مری وحشت سے
میرے ہاتھوں میں زمانے کا گریباں تو نہیں

میری خاموشیٔ پیہم کا اثر کچھ نہ سہی
اب وہ بے ربطیٔ فریاد کا امکاں تو نہیں

کیوں بدلتا ہے محبت میں امیدوں کا مزاج
درد پھر درد ہے، تسکین کا ساماں تو نہیں

مطمئن کیوں ہیں مری طرح سے ساحل والے
کہیں ساحل پہ بھی آسائشِ طوفاں تو نہیں

○

دل اگر دل ہے تو ہر حال میں رسوا ہوگا　　جب غمِ عشق نہ ہوگا غمِ دنیا ہوگا

عقل ڈرتی ہے مآلِ غمِ دل کیا ہوگا　　عشق کہتا ہے کہ ہر حال میں جینا ہوگا

لٹ گیا عشق کی نظروں کا وہ سامانِ شکیب　　اب ترا حسن جہاں بھی ہو، تماشا ہوگا

سازِ دل تشنۂ مضراب ہے مایوس نہ ہو　　ایک نہ اِک نغمۂ اُمید بھی پیدا ہوگا

شبِ غم آہ یہ اندوہ، یہ الجھن، یہ تڑپ　　سوچتا ہوں کہ مآلِ شب کیا ہوگا

دل ہے اور تلخیٔ غم ہاتھ میں اور ساغرِ مے　　کیا خبر تھی ہمیں یہ زہر بھی پینا ہوگا

وہ نہ لائیں تو جفاؤں کے تسلسل کا یقیں　　اس سے بڑھ کر کوئی انعامِ وفا کیا ہوگا

آنے والی ہے محبت کی وہ منزل شاہدؔ

جب ہمیں یاس پہ اُمید کا دھوکا ہوگا

کہیں کیا حسن کی محفل کا عالم — نظر اُٹھنے سے پہلے کھو گئے ہم
جوانی عمر کی پہلی مسرت — محبت زندگی کا آخری غم
میسر ہو اگر عرفانِ خورشید — فنائے ذات ہے معراجِ شبنم
ہزاروں کروٹیں بدلیں خرد نے — نہ بدلا عشق کا آئینِ محکم
محبت کو محبت رہنے دیجئے — کہاں تک یہ نوازش ہائے پیہم
چراغوں میں اضافہ کرنے والو — تمہاری روشنی کیوں ہو گئی کم ؟
مآلِ انقلابِ دہر کیا ہے؟ — نئے نقشے، نئے فتنے، نیا غم
تسلسل جستجو، پیہم تقاضا — مجھے معلوم ہے تقدیرِ آدم
ستایا تھا ہمیں طوفاں نے اتنا — کہ ساحل پر بھی گھبراتے رہے ہم
ابھی ذوقِ جراحت میں کمی ہے — ابھی ہر زخم ہے محتاجِ مرہم
زمانہ کیوں ہمیں برباد کرتا — خود اپنی روح میں آباد تھے ہم

مری نظروں کی رنگینی سے شاہد
نکھرتا جا رہا ہے رنگِ عالم

○

دھڑک اٹھتا ہے دل اندیشۂ انجامِ انساں سے
کہ ہے زنداں میں اور واقف نہیں آدابِ زنداں سے

خموش اے ہم قفس یہ صورتِ تسکیں سہی لیکن
خیالِ آشیاں آنے لگا ذکرِ گلستاں سے

الٰہی کم سے کم اتنی تو ہو مدت اسیری کی
کہ میں آدابِ زنداں سیکھ لوں اربابِ زنداں سے

جنوں پہ بار ہے پابندئ قانونِ آزادی
جگہ ملتی تو دیوانے نکل جاتے بیاباں سے

نہ پروائے مکاں ہے اب نہ ہے فکرِ زماں شاہدؔ
اسیرانِ جنوں آزاد ہیں زنجیر و زنداں سے

○

احسانِ محبت ہے دیوانہ بنا دینا
مجھ کو مرے مقصد سے بیگانہ بنا دینا

گو سعئ بھی کی لیکن ظاہر نہ ہوئی الفت
مشکل ہے حقیقت کو افسانہ بنا دینا

پہلے مجھے نظروں سے پابندِ جنوں کر دو
پھر وسعتِ عالم کو ویرانہ بنا دینا

یا صرف مجھے دنیا دیوانگئ الفت
یا میرے سوا سب کو دیوانہ بنا دینا

احساسِ محبت بھی باقی نہ رہا شاہدؔ
"احسانِ محبت ہے" دیوانہ بنا دینا"

مرا غرورِ نظر کامیاب ہو نہ سکا — کمالِ جلوہ سے وہ بے حجاب ہو نہ سکا

نگاہ پھیر کے تو نے اسے مٹا ہی دیا — جو انقلابِ جہاں سے خراب ہو نہ سکا

حجابِ حسن کا شکوہ کروں تو کس منہ سے — میں اس کے سامنے خود بے حجاب ہو نہ سکا

تمہاری بزم میں لائی تھی آرزوئے سکوں — یہاں بھی خاتمۂ اضطراب ہو نہ سکا

تری نظر نے نظامِ جہاں بدل ڈالا — ہمارے دل سے کوئی انقلاب ہو نہ سکا

میں اپنے مسلکِ وحشت پہ ناز کرتا ہوں — کہ میرے ساتھ وہ جلوہ خراب ہو نہ سکا

کوئی عمل تو رہے یادگارِ بزمِ فنا — گناہ کر جو شریکِ ثواب ہو نہ سکا

عجب مقام ہے دنیائے عاشقی شاہد
وہی خراب ہوا جو خراب ہو نہ سکا

○

خلش کم تھی تو کیا غم تھا سکوں کم ہے تو کیا غم ہے
بہ ہر صورت ہمیں اندازۂ غم ہے تو کیا غم ہے
اک ایسا وقت بھی گزرا ہے جب کامل خموشی تھی
ابھی انساں کی آواز مدہم ہے تو کیا غم ہے
کہیں نزدیک سے نغموں کی آوازیں بھی آتی ہیں
مری دنیا میں اب تک شورِ ماتم ہے تو کیا غم ہے
اسی دیوانگی سے ہوش کے آثار جھلکیں گے
ابھی دیوانگی معراجِ آدم ہے تو کیا غم ہے
بہاریں آگئیں گلشن میں اس کا شکر کر ہمدم
بہاروں کا اثر امید سے کم ہے تو کیا غم ہے
حقیقت پہ ہمیشہ کیلئے پردہ نہیں پڑتا
محبت آج تک اک حرفِ مبہم ہے تو کیا غم ہے

بقائے فطرت ہے تعمیرِ انساں
مبارک یہ ہنگامۂ درد و درماں
بھیانک اندھیروں کی زد میں اُجالے
مسلسل ہواؤں کے رخ پر چراغاں
کہیں موت کو فتح کرنے کی خواہش
کہیں زندگی سے گریزاں
گلستاں کے ذرّے بھی ٹوٹے رہے ہیں
خدا جانے کیا ہو مآلِ گلستاں!
الم کیا ہے اک جستجوئے مسرت
خزاں کیا ہے اک آرزوئے بہاراں
یہ جذبِ زمیں ہو بھی جائے تو کیا غم
کہ قطرے کو ہے موج بننے کا ارماں
سفینے کی تسکینِ آغوشِ ساحل
تلاطم کی آسودگی جوششِ طوفاں
حیات اک مسلسل کشاکش ہے شاہدؔ
"مبارک یہ ہنگامۂ درد و درماں"

○

نئی زندگی کی ہوا چلی تو کئی نقاب اتر گئے
جنہیں انقلاب سے پیار تھا، وہی انقلاب سے ڈر گئے

مجھے رہبروں سے ہے یہ گلہ کہ انہیں شعورِ سفر نہ تھا
کبھی راستوں میں الجھ گئے، کبھی منزلوں سے گزر گئے

تجھے مرگِ نو کی تلاش ہے مگر ارتقا کا پتہ نہیں
کوئی ایک شکل جو مٹ گئی تو ہزار نقش ابھر گئے

جسے جستجوئے سکوں رہی اُسے ساحلوں نے ڈبو دیا
انہیں کوئی موج نہ چھو سکی جو تڑپ کے پار اتر گئے

غمِ عشق نے غمِ کائنات میں ایک روح سی پھونک دی
مرے راگ اور سنور گئے، مرے گیت اور نکھر گئے

○

تخریب کا حاصل کچھ نہ سہی تعمیر بدلتی رہتی ہے
تقدیر کے بندے کیا جانیں تقدیر بدلتی رہتی ہے

ہر سال بہار آ جاتی ہے اور ضبطِ بہار آسان نہیں
ہر سال ترے دیوانوں کی زنجیر بدلتی رہتی ہے

ویران کبھی، آباد کبھی، مجبور کبھی، آزاد کبھی
تخئیلِ مصور کے دم سے تصویر بدلتی رہتی ہے

افسوس، مری بیتابی کو تم نے نہ پڑھا نظروں میں مری
عنواں وہی روداد وہی، تحریر بدلتی رہتی ہے

پہلے درِ زنداں کھل نہ سکا اب ٹوٹ رہی ہیں زنجیریں
آہیں تو وہی ہیں آہوں کی تاثیر بدلتی رہتی ہے

ہے شمع کو پاسِ وضع مگر، محفل کا مقدر کیا کہئے
پروانوں کی بیتابی سے تنویر بدلتی رہتی ہے
آہٹ سی درِ زنداں پہ ہوئی زنجیروں کے حلقے ٹوٹے
ہے ایک ہی خوابِ آزادی تعبیر بدلتی رہتی ہے
اشکوں کا نتیجہ دیکھ لیا اب خون بہا کر دیکھیں گے
اس شام و سحر کی دنیا میں تدبیر بدلتی رہتی ہے
امیدِ رہائی حد سے بڑھی اور لطفِ رہائی مل نہ سکا
رودادِ اسیری کیا کہئے زنجیر بدلتی رہتی ہے
ہنگامۂ ہستی کچھ بھی نہیں یہ وہم پرستی کچھ بھی نہیں
تدبیر سنبھلتی رہتی ہے، تقدیر بدلتی رہتی ہے

○

اگر دنیا پہ رازِ جبر کا اظہار ہو جائے
تو ہر مجبور خود اپنی جگہ مختار ہو جائے

مرے دل سے اگر تیری نظر بیزار ہو جائے
محبت میں بقینِ زندگی دشوار ہو جائے

درِ زنداں بھی کھل سکتا ہے آزادی بھی ممکن ہے
مگر قیدی کم از کم قید سے بیزار ہو جائے

یہ پستی، یہ بلندی، سب مری غفلت کے خاکے ہیں
قدم اٹھیں تو خود ہی راستہ ہموار ہو جائے

تلاشِ منزلِ مقصد میں اپنی سمت بڑھتا ہوں
بہت ممکن ہے پھر یہ راہ بھی دشوار ہو جائے

میں چونکا ہوں اندھیری رات میں اور یہ تمنا ہے
کہ میرے ساتھ ہی نورِ سحر بیدار ہو جائے

مرے ہمدرد بھی اب مطمئن ہیں میری حالت سے
خوشا وہ درد جو ناقابلِ اظہار ہو جائے

گراں خوابی سے اہلِ کارواں کا اب یہ عالم ہے
وہ میرِ کارواں بن جائے جو بیدار ہو جائے

جدائی میں بہت آسان ہیں راہیں محبت کی
اگر وہ ساتھ دیں تو ہر قدم دشوار ہو جائے

طلوعِ صبح کا جاں بخش منظر، اور یہ تنہائی!
مزا جب ہے کہ ساری انجمن بیدار ہو جائے

کہیں قسمت بدل سکتی ہے غم خواری زمانے کی
زمانہ چاہتا ہے تو مرا غم خوار ہو جائے

مری فطرت کے نغمے لب تک آ جائیں اگر شاہد
چمن کا ذکر کیا، روحِ چمن بیدار ہو جائے

○

یہ نہیں کہ موت کا حوصلہ کبھی کامیاب نہ ہو سکا
جو ہے، زندگی کی پناہ میں وہ جہاں خراب نہ ہو سکا
یہ بجا کہ زیست سنبھل گئی مگر ارتقا کا پتہ نہیں
یہ بجا کہ سطح بدل گئی، مگر انقلاب نہ ہو سکا
کہیں تو نے نام بدل دیا کہیں تو نے جام بدل دیا
ترا زہر آج بھی زہر ہے، یہ کبھی شراب نہ ہو سکا
تجھے کاش اب بھی پتہ چلے کہ مقام شوق کچھ اور ہے
ترے اجتناب کا ہمنوا مرا اضطراب نہ ہو سکا
مرے رہبروں کی نوازشوں سے رکا ہوا سا ہے قافلہ
کئی منزلیں تھیں نگاہ میں، مگر انتخاب نہ ہو سکا

○

حیات مشکل آساں نہیں تو کچھ بھی نہیں
اگر یہ درد ہی درماں نہیں، تو کچھ بھی نہیں

فضائے یاس میں، ناکامیوں کی ظلمت میں
چراغِ شوق فروزاں نہیں تو کچھ بھی نہیں

مری نگاہ، کہ ہے اس نظر سے وابستہ
حریفِ گردشِ دوراں نہیں تو کچھ بھی نہیں

چلی ہے لے کے دِوانوں کو جستجوئے بہار
قدم قدم پہ گلستاں نہیں تو کچھ بھی نہیں

وہ زندگی جو محبت میں لازوال ہوئی
اجل سے دست و گریباں نہیں تو کچھ بھی نہیں

کوئی فسانہ ہو، یا مثنوی و نظم و غزل
حدیثِ عظمتِ انساں نہیں تو کچھ بھی نہیں

○

موت کی تمنا ہے اب یہ کیا کہیں دل سے
زندگی میں ملتی ہے، زندگی بھی مشکل سے

آج کر دیا مایوس ہم کو موج و طوفاں نے
ڈوبنے کی تدبیریں پوچھتے ہیں ساحل سے

ان کے ہجر میں بیتاب ان سے مل کے بھی غمگیں
ہم کو ناز تھا دل پر، تنگ آ گئے دل سے

جانے کیا ستم ڈھائے بیکسی کا یہ عالم
جیسے وہ لگا ہیں بھی آشنا نہیں دل سے

رہگزر سے واقف تھے ہم سفر کے دیوانے
جستجوئے منزل میں لوٹ آئے منزل سے

○

لذتِ گریہ سے بھی دل کی خلش کم تو نہیں
اشک گوہر ہی سہی زخم کا مرہم تو نہیں

یہ بھی ممکن ہے غمِ ہجر، غمِ دہر بنے
مشکلیں عشق کی سنگِ رہِ آدم تو نہیں

غم عطا کر کے نہ سمجھو کہ مجھے شاد کیا
دل میں سب کچھ ہے مگر حوصلۂ غم تو نہیں

کارواں اور چلے، اور چلے، اور چلے
رہنما صاحبِ منزل ہے، مگر ہم تو نہیں

چہرۂ شب پہ کچھ انوارِ سحر ہیں لیکن
ہم جس امید میں جاگے تھے وہ عالم تو نہیں

○

زمانہ کر رہا ہے جستجو شام و سحر ہو کر
نظر سے چھپ گیا ہے کوئی مقصودِ نظر ہو کر

مٹایا عشق نے جس دل کو سوزِ بے شرر ہو کر
رہا وہ زندہ تر، پائندہ تر، تابندہ تر ہو کر

نظر کے سامنے آؤ نہ اب برق و شرر ہو کر
یہ جلوے رہ گئے ہیں اعتباراتِ نظر ہو کر

مذاقِ آرزو بخشا تھا جس نے جلوہ گر ہو کر
وہی میری نظر کے ساتھ ہے حدِ نظر ہو کر

محبت نے اُنہیں دیکھا ہے خود ان کی نظر ہو کر
کبھی نزدیک ہو کر اور کبھی نزدیک تر ہو کر

اثر تو خیر قسمت میں نہ تھا اے وائے ناکامی
کہ لطفِ آہ بھی کھویا طلب گارِ اثر ہو گا

مرے دل کے لئے اب کیا سزا تجویز ہوتی ہے
تری محفل سے اٹھا ہوں گنہ گارِ نظر ہو کر
جدھر جاتا ہوں مایوسی مجھے تسکین دیتی ہے
میں ہوں آسودۂ منزل خرابِ رہ گزر ہو کر
اب ان سے بے نیازی کی شکایت کیا کریں شاہد
انہیں اپنی خبر ملتی ہے ہم سے بے خبر ہو کر

○

جنونِ عشق کی بنیاد محکم ہوتی جاتی ہے
طبیعت بے نیازِ شادی و غم ہوتی جاتی ہے
وہ رخصت ہو رہے ہیں دل کی محفل کا خدا حافظ
اندھیرا بڑھ رہا ہے، روشنی کم ہوتی جاتی ہے
ہوئی پھر کائناتِ عشق میں نازک سی تبدیلی
جو راحت اس نے بخشی تھی، وہ اب غم ہوتی جاتی ہے

تری صورت مرے پیشِ نظر ہے شامِ تنہائی
یہ شاید میری تنہائی مجسّم ہوتی جاتی ہے

نہ شورِ نوحۂ غم ہے نہ جوشِ نغمۂ شادی
مری دنیا کی ہر آواز مدّھم ہوتی جاتی ہے

خطا وہ تھی کہ میں نے بیخودی میں ان کو پوجا تھا
سزا یہ ہے کہ میری بیخودی کم ہوتی جاتی ہے

خدا جانے دکھایا دل کو تو نے کون سا عالم
نظر بیگانۂ انجامِ عالم ہوتی جاتی ہے

اسی کا نام شاید انتہائے یاس ہے شاہدؔ
یہ عالم ہے کہ ہر امید مبہم ہوتی جاتی ہے

○

اے عشقِ بے نیاز یہ کیا انقلاب ہے
غم کامیاب ہے نہ خوشی کامیاب ہے

مستی میں ہر فریبِ خرد بے نقاب ہے
اس وقت جو گناہ بھی کیجیے ثواب ہے

فکرِ مآلِ عشق نہ کی ہم نے عشق میں
معلوم تھا کہ خواب ہی تعبیرِ خواب ہے

رسوائیاں ہیں عشق کی معراجِ زندگی
یہ تم نے کیا کہا کہ زمانہ خراب ہے

غم پہ اثر نہیں ہے کسی انقلاب کا
اور غم بجائے خود اثرِ انقلاب کا

حاصل ہے لطفِ دید مگر یہ خبر نہیں
تو بے حجاب ہے کہ نظر بے حجاب ہے

شاہد بغیرِ وجہ نہیں نظمِ کائنات
اس بزمِ ناز میں کوئی دل باریاب ہے

○

حقیقت تک پہونچ جاتے ہیں باطل دیکھنے والے
انہیں پہچان لیتے ہیں مرادِ ل دیکھنے والے

بہت ہمت طلب تھا ڈوبنے والوں کا نظارہ
پلٹ آئے سوادِ شامِ ساحل دیکھنے والے

ذرا سی خاک ہے اور چند لاشیں جاں نثاروں کی
اِدھر آئیں فروغِ شمع محفل دیکھنے والے

بس آنکھیں بند کر اور قطع کر راہِ غمِ ہستی
کوئی منزل نہیں اے سوئے منزل دیکھنے والے

ہمیں کچھ ڈر نہیں امواجِ طوفانِ حوادث کا
کہ ہم تو ہیں پسِ ہر موج ساحل دیکھنے والے

قیامت خیز ہیں تاریکیاں راہِ محبت کی
اب آنکھیں کھول دے اے خوابِ منزل دیکھنے والے

تصور کے فریبوں سے ابھی واقف نہیں شاہد
غبارِ نجد میں لیلیٰ کا محمل دیکھنے والے

○

کچھ اس طرح مری دنیا پہ چھا گیا کوئی
مجھی کو میری نظر سے چھپا گیا کوئی

شبِ الم کے اندھیرے میں یہ سکوں کیسا
سحر قریب ہے اے دل کہ آ گیا کوئی؟

یہ رنج ہے کہ میں رودادِ شوق کہہ نہ سکا
خوشی یہ ہے مرا مفہوم پا گیا کوئی

دلِ تباہ میں پھر زندگی کے نقش اُبھرے
اجڑ چکی تھی جو محفل سجا گیا کوئی

فضائے صبحِ چمن اس کے بعد ویراں ہے
پکارتی رہیں کلیاں چلا گیا کوئی

میں کس زباں سے دوں داد اس کے نغموں کی
خموش رہ کے ترانے سُنا گیا کوئی

نہیں ہے اب مجھے بیتابیوں کا غم شاہدؔ
تسلّیوں کے خزانے لٹا گیا کوئی

○

تقدیر پہ اپنی ہمت کی بیداد گوارا کون کرے
کشتی کی حفاظت ممکن ہے، طوفاں کو رسوا کون کرے

مستی میں زوالِ مستی کا الزام گوارا کون کرے
یہ خُم ہے، یہ مینا، یہ ساغر، ساقی سے تقاضا کون کرے

پینے کیلئے نیت ہی نہیں موسم بھی ضروری ہوتا ہے
میخوار ابھی اس فکر میں ہیں فطرت کو اشارہ کون کرے

اے دوست سفر میں رک جانا ہی اصل میں گُم ہو جانا ہے
ہر منزل ہے اک جادۂ نو، منزل کی تمنّا کون کرے

ان چارہ گروں کے چہروں پہ مایوسی کے آثار سے ہیں
یہ لوگ تو خود بیمار سے ہیں، بیمار کو اچھا کون کرے

وہ خود بھی تسلی دیتے ہیں مٹتا نہیں لیکن سوزِ نہاں
جس آگ میں شعلہ ہو، نہ دُھواں اس آگ کو ٹھنڈا کون کرے

نغموں پہ اداسی چھائی ہے تسکین کا ساماں کیونکر ہو
شمعوں پہ اندھیرے غالب ہیں محفل میں اُجالا کون کرے

دیکھ لے آ مآلِ گُل، کس لئے بیقرار ہے
یہ بھی تو اے خزاں نصیب سلسلۂ بہار ہے

عشق تمام التجا، حُسن تمام اعتناء
میں بھی گناہگار ہوں، تو بھی گناہگار ہے

مجھ کو گرا دیا ہے یوں پستیٔ کائنات میں
جیسے عروجِ بندگی آپ کو ناگوار ہے

ان کی نظر ہے سوئے در، خشک ہیں ہونٹ آنکھ تر
پہلے مجھے مٹا دیا اب مرا انتظار ہے

لُطف و کرم پہ شاد تھے قہر و غضب کا رنج کیوں
وہ بھی ادائے یار تھی، یہ بھی ادائے یار ہے

میری نوائے درد پر اہلِ چمن خفا ہیں کیوں
نوحۂ آشیاں نہیں، مرثیۂ بہار ہے

تجھ سے بہت قریب ہوں رُخ سے نقاب اُلٹ نہ دوں
مجھ کو یہ حکمِ ضبط کیوں، تو بھی تو بیقرار ہے

موسم و وقت کا حجاب جس کی نظر سے اٹھ گیا
اس کی نظر میں سب ہے بہار، اس کی نظر بہار ہے

عصری مزاج کی منتخب غزلوں کا ایک مجموعہ

پیاس کا قصہ دریا دریا

مصنف : کاظم جرولی

بین الاقوامی ایڈیشن منظر عام پر آ چکا ہے